예수와
예수들

정의와 평화를 위해 헌신한
그리스도와 그 제자들의 이야기

KB216723

Original published in English under the title ;
   RADICAL JESUS. - A Graphic History of Faith
  by Paul Buhle, editor
   Published by Herald Press
   1251 Virgina Ave., Harrisonburg VA22802-2434, USA.
All rights reserved.

Uesd and translated by the permissions of Herald Press.
Korea Edition Copyright © 2015, Daejanggan Publisher. in Daejeon, South Korea

예수와 예수들

지은이	폴 부일, 사브리나 존스, 게리 덤, 닉 토켈슨
옮긴이	배꽃나래
감수	김복기
초판발행	2015년 07월 15일

펴낸이	배용하
책임편집	배용하
등록	제364-2008-000013호
펴낸곳	도서출판 대장간
	www.daejanggan.org
등록한곳	대전광역시 동구 우암로 75-21 (삼성동)
편집부	전화 (042) 673-7424
영업부	전화 (042) 673-7424 전송 (042) 623-1424

분류	제자도	사회 참여
ISBN	978-89-7071-351-9 03230

 값 13,000원

정의와 평화의 모델이신

예수 그리스도와

이천 년간 삶을 희생하면서

제자의 길을 따른 많은 그리스도인에게

이 책을 헌정합니다

들어가며

기록된 역사를 보면 예수님의 삶과 가르침은 2천 년 동안 예술에 영감을 주었으며 최고의 장인들이 그것을 이용하였습니다. 그렇지만 만화로 각색된 것은 최근의 일입니다. 당신은 이 책을 읽으면서 이 책이 "지금까지 전해진 이야기중 최고"로 잘 쓰였고, 그려졌다는 것과, 만화예술 속에서 재탐구되었다는 것을 알 수 있을 것입니다. 또한 여전히 삽화가 들어간 책의 수백 년전 역사에 뿌리를 두고 있습니다. 이 책은 흑백으로 된 1부부터, 중세시대의 삽화를 떠오르게 하는 색의 2부, 현대의 다양한 색을 표현한 3부까지 섹션마다 고의적으로 색을 다르게하여 디자인했습니다.

북미사회의 역동적인 생산환경 덕분에, 1890년대, 타블로이드 신문에서 처음 만화가 나타났고, 1930년대부터 1940년대까지 만화책이 나타났으며, 자연스럽게 만화예술의 장이 만들어졌습니다. 종교자유의 전통은, 1940년대 *"Picture Stories from the Bible"* 두권에 걸쳐 카톨릭잡지 *"Treasure Chest"*에서 오랫동안 연재된 어린 독자들을 위한 만화까지 여러가지 접근을 유발했습니다. 최근에 우리는 *"The Book of Genesis Illustrated"*를 보고 있습니다. 이 책은 이러한 예들과 달리 명백히 사회에 관한 것이며, 오늘날과 매우 관련있습니다.

왜 예수님은 급진적(radical)인가? 그 기원에서, 급진적은 사실 "뿌리"를 의미합니다. 예수님의 급진주의는 상상 속 검은 헬리콥터의 위협, 혹은 여학교를 태우는 수염난 미치광이들을 대적하여 총을 비축하는 남자들과는 아무 관련이 없습니다. 대신 예수님의 급진성은 온갖 증오의 뿌리로 향합니다. 인류의 파괴적인 착취 뿐 아니라, 우리의 창조물을 약탈하는 것까지. 우리 삶의 거의 모든 것이 위험에 처해있으며 우리는 이러한 증오가 더 이상 날뛰게 할 여유가 없습니다.

이 책은 성경의 풍부하고 복잡한 16세기 급진 종교개혁 역사의 무용담으로 시작합니다. 또한 신세계와 지난 세기의 사건들이 이어집니다, 각각의 이야기, 각각의 페이지는 그 예술가만의 특징을 지니고 있지만, 각각의 이야기는 모든 것의 부분이며 각자의 방식 안에서 매끄럽게 이어집니다,

각각의 페이지는 만화예술의 작품입니다. 이 장르는 오늘날 어린 독자들의 관심을 뛰어넘어 정말 심오한 예술이기도합니다. 우리는 이 책을 통해 당신이 새로운 관점, 영감, 더 나은 미래를 위한 새로운 희망까지 얻을 것이라고 믿습니다.

편집자 폴 부일

인사말

우리는 이 책의 미술가들에게 자금을 마련해 주신 산드라와 케빈 사우더,
이 프로젝트를 개념화하고 계획하는데 중요한 역할을 해주신 산드라에게
감사의 인사를 전합니다.

헤럴드출판사, 특히 이 책에 가장 친절하고 세심한 관심을 주신
우리의 편집장 에이미 진저리치에게 감사의 말씀을 전합니다.
에이미와 그녀의 동료 바이런 렘펠-버크흘더, 그리고 조쉬 바일러는
2부 앞부분의 일부에 대담하고 창의적으로 원고를 써주셨습니다.
이와 비슷하게, 펜실베니아 문화사에 지속적으로 관심을 갖고 계신
데이브 바그너는 2부 뒷부분의 글을 제공해주셨습니다.

로라 덤은 게리 덤의 작업 하나하나를 도왔으며,
특히 2부의 레이아웃을 개념화하는데 큰 도움을 주었습니다.
그녀에게 정말 고마운 마음을 전합니다.

많은 활동가분들께서 종교적인 저항을 바탕으로 그려진
3부에 도움을 주셨습니다. 그들은 자신들의 경험을 나누어 더 나은 만남과
원천을 제공해주셨습니다. 존 도일 신부님, 자닌 카레이로, 듀안 클링커 목사,
베스 데이비스-스토프카, 루 핀퍼, 메리 제언 로사티, 레이 테트롤트,
조지 베세이, 카밀로 비베이로스에게 특별히 감사의 말씀을 전합니다.

이름없이 우리에게 생각을 나눠주고 기도해 주신 많은 분들께,
우리 모두의 노력이 당신의 기대에 부응하기를 원합니다.

급진적 복음이신 예수

이야기 · 그림
사브리나 존스

세례자 요한이 광야에서 설교를 하고 있었다.

우리가 해야 할 일이 무엇입니까?

옷 두 벌 있는 자는 옷 없는 자에게 나눠줄 것이요.

먹을 것이 있는 자도 그렇게 하라.

나는 물로 세례를 줄 뿐이다,

그러나 내 뒤에 오시는 분이 계시다.

그는 성령으로 세례를 줄 것이다.

그때, 예수께서 요한에게 세례를 받으셨다.

하늘이 열리고 하나님의 영이 비둘기같이 그분 위에 내려오고 하늘에서 소리가 들렸다

너는 내가 사랑으로 선택하고 구별한 내 아들, 내 삶의 전부다.

예수의 시작이니라

10

예수께서 성령에 이끌려 광야로 가셨다.

예수께서는 40일간 아무 것도 먹지 않아,

배가 고프셨다.

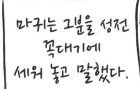

그때, 사탄이 와서 말했다.

너는 하나님의 아들이니, 이 돌한테 명하여 빵 덩이가 되게 해보아라.

사람이 빵으로만 사는 것이 아니다. 하나님의 말씀으로 사는 것이다.

마귀는 그분을 성전 꼭대기에 세워 놓고 말했다.

네가 하나님의 아들이면 뛰어내려 보아라. 천사들이 너를 받을 것이라고 성경에 기록되지 않았느냐?

'주 너의 하나님을 시험하지 말라'*

* 모세의 말

11

예수께서 성령의 능력을 입고 갈릴리로 오셨다. 그는 회당으로 가서 사람들을 가르쳤다.

하나님의 나라가 바로 가까이에 임했다.

갈릴리 호숫가를 걸어가시다가..

나와 함께 가자. 사람 낚는 법을 가르쳐 주겠다.

그들은 배와 자기 아버지를 버려두고 곧바로 그분을 따라갔다.

큰 무리가 예수의 뒤를 따랐다.

이러한 권위를 가지고 가르치시다니!

이 사람은 목수의 아들이 아닌가?

산위에서 가르치신 말씀

천국은 마치 농부가 그의 땅에 심은 겨자씨 한 알과 같으니,

땅에 심길 때는 땅 위의 모든 씨보다 작은 것이다.

하지만 이것이 심겨진 후에는

모든 풀보다 커지며 나무가 되니,

나무가 되면

공중의 새들이 그 가지에 둥지를 튼다.

마르다는 해야 할
온갖 일로 마음이 분주했다.

주님, 제 동생이 부엌일을 저에게 떠넘기고 있는데,
저를 도와주라고 말씀해주십시오.

마르다야, 마르다야.
네가 지나치게 걱정하여
아무것도 아닌 일에 흥분하고 있구나.

마리아는
가장 중요한 일을 택했다.

그러니 마리아는
그것을 빼앗기지 않을 것이다.

19

21

한 율법사가
예수를 시험하고자 물었다.

하나님의 모든 율법 중에서
어느 계명이 가장 중요합니까?

네 열정과 간구와
지성을 다해
주 너의 하나님을 사랑하라.

=

네 자신을 사랑하는 것 같이
너의 이웃을 사랑하라.

도와주세요

그리고 그 옆에 두어야 하는
두 번째 계명이 있다.

이보다
더 중요한
계명은
없다.

그렇다면,
누가 우리의 이웃입니까?

25

보물이 있는 곳에 마음이 있다

27

예전에 이러한
부자 청년이 있었다.

이 청년은 좋은 옷을 입고

·매일 밤 호화스러운
저녁을 먹었다.

그의 문 앞에는 나사로라 하는 자가 누워있었다.
그의 온 몸에는 염증이 있었으며,
이렇게 구걸하였다.

먹다 남은
것이라도
주세요

개들이 와서
그의 몸에 난
종기를
핥았다.

먹다 남은

가난한 청년은 죽어서
천사의 손에 이끌려
아브라함의 품에
안겼다.

부자 청년 또한 죽어 불에 탔다.
지옥의 고통속에서, 그가 눈을 들었는데,

저 멀리 아브라함과,
그의 품에 있는
나사로를 보았다.

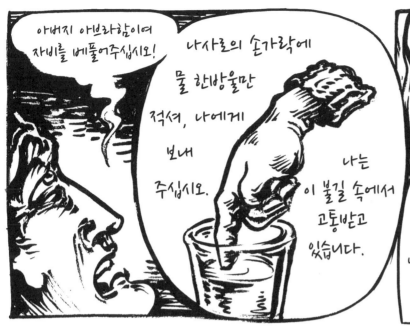

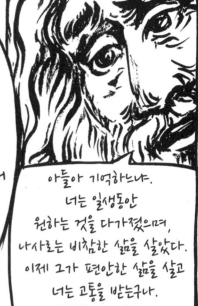

성전에서

너 위선자에게 재난이 있으라 !

언제 우리가 주님이 배고프신 것을 보고 먹을 것을 드렸고, 목마르신 것을 보고 마실 것을 드렸습니까? 언제 우리가 주님이 아프시거나 감옥에 갇히신 것을 봤습니까?

너희가 형제들 중에 최소한 한 사람에게라도 그런 일을 하면, 나에게 한 것과 같다.

이어서 왼편에 있는 사람들에게

이 무익한 염소들아 너희를 위해 준비한 지옥불로 가거라

악마와 그의 마귀들을 위해 준비한

내가 배고플 때 너희는 먹을 것을 주지 않았고, 내가 목마를 때 너희는 내게 마실 것을 주지 않았다.

한 푼 줍쇼

내가 나그네였을 때 너희가 나를 들이지 않았고,

내가 헐벗었을 때 너희가 내게 옷을 주지 않았고,

40

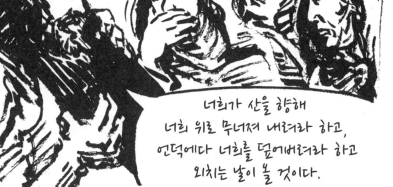

중세의 예수들

폴 부일, 게리 덤 로라 덤,
그리고 그 외.

롤라드 새로운 언어로 성경을 펴내다

사람들은 불의에 저항했다…

교회는 엄청난 재산을 취해왔습니다. 그들은 이미 왕에게 세금을 낸 우리에게 또 교회세를 부과합니다.

영국 의회에서는 항의가 빗발쳤다.

그렇지 않아도 돈이 궁한 우리에게 교황은 세금을 내라고 할 권리가 없습니다!

나는 신학을 했지만, 교황 우르바누스와 존 왕 사이 에 세금에 관한 논쟁이 있던 1365년부터 정치에 관심 갖게 되었습니다. 그 뒤로, 나는 교회가 이 사회에서 해야 할 역할에 대해 새롭게 생각하기 시작했습니다.
나는 교회가 소작농의 배후에 있는 돈을 뜯어내는 것이 아닐까 생각했습니다.

1377년. 나는 타락한 교회 위원회, 세금 그리고 성직자의 돈낭비에 관한 소책자를 썼습니다.
2월 19일, 나는 내 신념에 대한 질문에 답하기 위해 법정에 불려갔지만 아무것도 해결되지 않았습니다.

그 때는 히브리어가 라틴어로 번역되었고,
영어로 번역된 성경이 없었습니다.
영어로 적힌 성경이 출판된 적이 한 번도 없었습니다.
나는 서민들도 성서를 읽을 수 있기를 바랬습니다.
그들은 그들 스스로 믿음을 갖기 위해
하나님의 은혜가 담긴 성서를 읽어야 했습니다.

나를 따른 사람들은
롤라드라고
알려졌습니다.

개혁이
이러한 평화적인 방법으로
이뤄지길 바랬습니다.

하지만 로마 교황 그레고리오 11세는 위협을 느꼈다…

양의 탈을 쓰고 영국을 부수며 들어오는
사악한 악마의 인상을 내가 보았노라.
위클리프는 장담하지만 나는 저 멀리
로마에서 오는 악마를 볼 수 있다.

교회는 이제부터 롤라드를
순한 양들 사이에 있는
늑대로 취급할 것입니다.

내가 교회의 권위에 도전하며,
교회의 관행을 개혁하라고 쓴 글들은
내가 나아갈 수 있는 힘이 됩니다.
그리고 나는 조력자들의 도움으로 1380년, 성경을
온전하게 영어로 번역하는 일을 시작했습니다.

같은 시간, 순회설교자인 존 볼 목사는 영국을 건너
막 피어난 불만의 불꽃을 타오르게 했다.

우리는 하나님의 형상을
닮은 사람이지만 짐승 취급을
받고 있습니다.

영국에서 중요한 일을 하는 몇몇
귀족들은 로마를 향한 나의 도전을 지원해줬습니다.
그러나 1381년에 폭동이 일어났습니다.
폭동을 일으킨 사람들은 나의 제자들이 아니었지만,
그들은 번역된 성경구절을
소규모 사람들과 군중들에게 전했습니다.

그 운동은 농민반란을 일으킨 사람들의
마음에서부터 퍼졌으며,
부자의 자산과, 교회를 무너뜨리는데
총력을 기울였다.

더 이상 로마에 의한 교회의
통제는 없다! 영국에는 더 이상
부자도 거지도 없다!

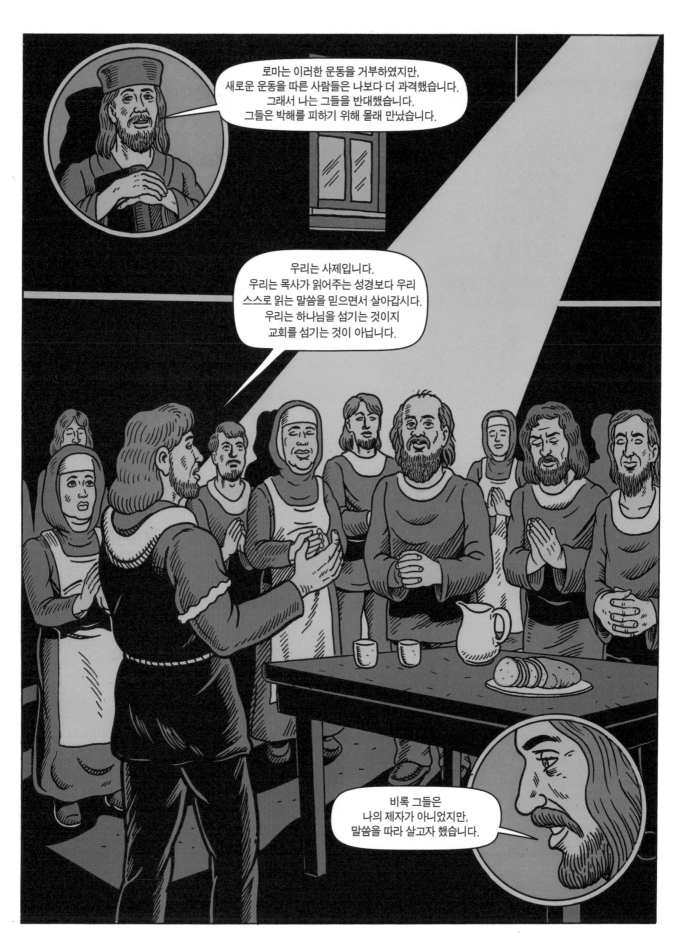

1384년, 존 위클리프는 시대의 정치적 급진주의자들이 고립되고 교회로부터 추방된 후, 처형되었다.
그러나 그는 국제적으로 유명한 인물이었다. 수 세기 동안 이들은 "위클리드파", "롤라드파" 이단으로 알려졌다.
그가 영국에 심은 급진적인 생각의 씨앗은 유럽 전역으로 퍼져나갔다.

프랑스가
영국 지배하에 있었을 때…

이놈 로하르드.
이단 사설을 설파하였고
교황의 권위보다 성경이 더
권위있다고 가르치다니.
너같은 이단들은
산채로 화형에 처한다.

홀란드에서 그들은 들키지 않고,
박해당하지 않기 위해
속삭이며 말했습니다.

하나님이 우리와
함께 하셔…

쉿!

학대는 영국에서도 계속되었다.

흠!

…구호금 좀
주세요.

꺼져!

성직자들과 상류계급들은
노숙자들이 생계를 위해 일하고 싶지 않아서
게으름뱅이, 방랑자가 되었다고 비난했다.

"롤라드"의 기원은
확실하지 않다…

롤라드라는 이름은 중얼거리는 사람을 뜻하는
중세 네덜란드어 "lollen"에서 유래했을 것이다.
"lolium"은 밀밭의 골치거리인 살갈퀴라는 식물의 이름이다.

롤라드파는 자신들을 롤라드파라고 부른 사람과, 자신들이 어떻게 그런 정체성을 갖게 되었는지에 대해서는 신경 쓰지 않았다. 그들은 그리스도의 제자처럼 가난 속에서 살아가며 연합한다는 것을 알았다. 그것이면 충분했다.

그 운동은 계속되어 프라하까지 퍼졌다. 1415년, 존 후스라는 목사가 교회의 가르침을 따르지 않고 위클리프를 따른다는 죄목으로 재판을 받았다.

이단인 롤라드파의 영향을 받았소?

나는 성경을 따랐습니다. 만약 나의 행동이 성경에서 잘못되었다고 증명된다면, 기꺼이 자백하겠습니다.

이러한 믿음은 그 어떤 나라에 속한 것도 아니고 경계도 없었다. 후스는 화형 당했고, 그가 타고 남은 재는 라인강에 뿌려졌다.

급진 종교개혁

1500년대 초기, 유럽 전역의 로마 가톨릭 교회는 영적으로 부패되어 있었고,
교황의 권위는 바닥을 치고 있었다.

1517년 10월 :
어린 수사
마틴루터는 교회의
영적 타락에
맞섰다. 그는 독일
비텐베르크에 있는
교회 문에 교회의
개혁을 요구하는
"95개의 논제"를
붙였다.

이야기 ◆ 폴 부일, 에이미
진저리치, 바이런 렘펠-
버크훌더
그림 ◆ 게리 덤
채색 ◆ 로라 덤

루터가 없었으면 좋겠다고 생각한 교회의 영적 타락에 대해
전해들은 농민들은, 사회, 경제, 그리고 정치적인 타락에
맞서 반란을 일으키기 시작했다.

한편
스위스에서는,
목사들과 울리히
츠빙글리라는
학자가 개혁에
힘쓰라는 하나님의
부르심을 느꼈다.
츠빙글리는
두려움없이
하나님의 말씀을
설교했고, 교회의
성상들을 없애기
위한 결정적인
행동을 취했으며,
독일예배를
소개했다.

하지만, 몇 사람들은 츠빙글리의 개혁이 충분하지 않다고 생각했다. 1525년 초, 취리히 의회는, 츠빙글리와 협력하여 더 급진적인 청년들과 함께 논쟁했다. 후에 스위스의 형제단이라고 알려진 이 무리는 유아세례나 시민 자격과 연관된 침례는 성경적이지 않다고 보았다.

마가복음 16장 16절에서 예수님은…

누구든지 믿고 세례를 받으면 구원받을 것이다.

그러나 의회는 1525년 1월 17일, 유아세례는 성경에 있는 것이며, 모든 아기들은 태어나면 8일 안에 세례를 받아야 한다고 규칙을 정했다.

급진주의자들은 세례를 신약성서에서 가르친 것처럼 성인으로서 회심과, 믿음의 징표라고 여겼기 때문에 새로운 규칙을 받아드릴 수 없었다.
그래서 1525년 1월 21일, 그들 무리는 유아세례를 부인하며 서로 세례를 행했다.
그들은 곧 아나뱁티스트, 혹은 재세례파라고 알려졌다.
이제부터 그들의 이야기를 할 것이다.

유아세례를 받아들일 수 없어요

나, 조지 블라우록은 우선 복음의 진실에 대해 츠빙글리와 상의하기 위해 취리히에 왔었다. 그러나 나는 츠빙글리가 가르치는 모든 것에 동의하지 않았으며, 그래서 바로 급진주의운동에 합류하게 되었다.

콘라드 그레벨, 펠릭스 만쯔는 진정한 믿음을 실천하고 모든 사람을 사랑하라는 하나님의 말씀으로 나에게 도전했고, 고난 속에서 조금도 동요하지 않았지.

1525년 1월 21일

콘라드, 나에게 세례를…. 하나님의 이름으로 나에게 신자의 세례를 해주게.

성부, 성자 성령의 이름으로 세례를 주노라.

그리고 우리는 하나님을 경외하는 마음으로 우리 자신을 하나님께 맡겼다. 우리는 서로 복음의 일꾼임을 확인하였다.

나는 열정을 가지고 새로운 세례를 베풀었고, 공중에게 하나님의 말씀을 선포했다.

유아들은 믿음을 고백할 수 없기 때문에, 세례받지 않는 것이 마땅하다. 오직 성숙한 의식을 가진 사람만 그리스도를 따르는 선택을 할 수 있소.

나는 콘라드와 펠릭스와 함께 가가호호를 다니며 회중을 방문하고 세례를 주고 성찬식을 행했다. 우리 운동은 수적으로 늘어났고, 세력 또한 눈에 띄게 커졌다.

1525년 1월 30일, 나는 체포되었다. 함께 운동에 참여했던 26명과 다른 취리히에 있는 수도원에 투옥되었고, 평화적으로 행동하겠다고 약속한 후 2월 24일 석방되었다.

딱 이틀 후에 나는 예배하기 위해 모인 200여 명의 사람들을 만났고, 진지하게 그리스도의 길을 따르고자 하는 사람들에게 세례를 주었다.

취리히 시 의회에서 은색도장이 찍힌
칙령이 반포되었다.

누구든 다시
세례를 받은 사람은
은화 1마르크에 해당하는
벌금을 내야 하고,
앞으로 세례를 받는 사람은
배우자, 자식들과 함께
이 시에서
추방될 것이다.

나와 펠릭스는 얼마 되지 않아 투옥되었고,
침례에 대한 의문점을 토론하기 위해 의회로 불려갔다.
츠빙글리는 나를 "멍청한 몽상가"라고 불렀고,
의회는 세례를 주지 말라고 명령했다. 나는 취리히를
떠나라는 명령을 받아 고향 쿠르로 돌아갔다.

쿠르에서 우리는 복음을 전파하기 시작했지만,
쿠르지역 경찰서장은 우리를 체포하고 투옥시켰다.

이제 우리는 아나뱁티스트를
처단하는데 총력을 다해야 한다.
그들은 여기에서 모여왔고,
시민들 중에도 그들과 은밀하게,
혹은 대놓고 접촉하는 자들이 있다.

10월까지, 나는 콘라드와 함께 취리히로 돌아갔다. 취리히의 힌윌(HINWYL)에 있는 교회의 200명이 넘는 청중들 앞에서 설교를 했다.

이 곳의 주인은 누구입니까? 하나님이 이곳의 주인이라면, 하나님의 말씀을 선포해야만 합니다. 나는 하나님의 말씀을 선포하기 위해 선 전달자입니다.

하지만 그 곳의 목사는, 나를 잡아가라고 행정장관과 경찰을 불렀다.

내가 끌려 간 후, 사람들은 펠릭스와 콘라드가 주도하는 다른 아나뱁티스트 모임에 참석했다. 당국은 콘라드를 잡으려고 애썼고, 펠릭스는 잠시 피신했다. 결국 우리는 다른 아나뱁티스트들과 투옥되었고, 제세례를 받은 사람들을 대신해 심문을 받았다

감금된 후, 그들 구성원 중 한명이 나머지 의회원들에게 말했다.

우리는 숨어서 설교하는 대중 선동가들의 난동을 끝내야 합니다.

1526년 3월 7일, 우리는 종신형을 선고받았다. 의회는 세례 금지령을 내렸고, 세례를 주는 사람들은 수장형에 처했다.

2주 후, 창문이 잠겨있었지만 우리는 모두 탈옥했다. 가동교가 내려져 있었기때문에 별 어려움 없이 탈출 할 수 있었다.

비록 우리 동료 신자들이 믿음을 지키기
위해 죽음의 위기에 놓였지만,
우리의 운동은 멈추지 않았다.

스위스

우리를 추적하는 사람들을 피하기 위해 종종 휴일이나 밤에 만났다,
많은 사람을 오래 숨길 수 없었기 때문이었다.
우리는 권력자들의 눈을 피하기 위해 집, 헛간, 숲 속,
가끔은 동굴에서 만나기도 했다.

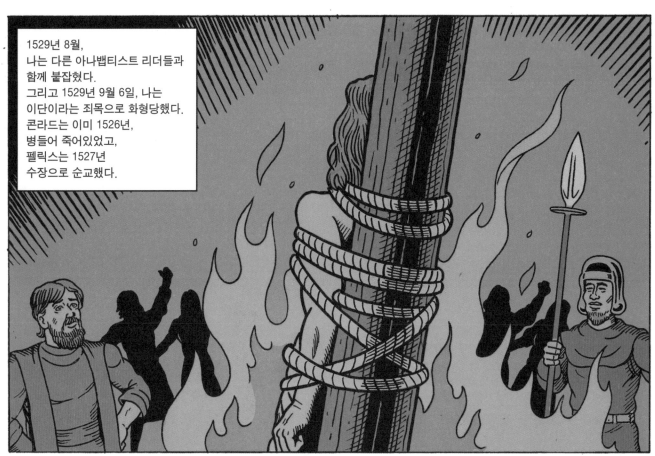

1529년 8월,
나는 다른 아나뱁티스트 리더들과
함께 붙잡혔다.
그리고 1529년 9월 6일, 나는
이단이라는 죄목으로 화형당했다.
콘라드는 이미 1526년,
병들어 죽어있었고,
펠릭스는 1527년
수장으로 순교했다.

그러나 아나뱁티스트 운동은 멈추지 않았다.
홀란드, 남부 독일, 모라비아까지 퍼져나갔다.

홀란드

독 일

모라비아

오늘날, 전 세계에서 아나뱁티스트를 만날 수 있다.
83개국, 170만 명의 사람들이 아나뱁티스트이다.
아나뱁티스트의 3분의 2가 아프리카인, 아시아인,
라틴아메리카인이다. 오늘날의 메노나이트, 아미쉬,
후터라이트, 형제단들은 그들의 믿음 조상인
아나뱁티스트의 발자취를 따라가고 있다.

갤리선의 노예생활에서 탈출
후터라이트 신도들의 이야기

이야기 ◆ 폴 부일 그림 ◆ 게리 덤 채색 ◆ 로라 덤

아나뱁티스트들은 '급진주의자'라는 별명을
가지고 있었다. 그들이 공개처형 당하는
장면은 사람들이 공포를
느끼게 하는데 충분했다.
처형 장면은 마치 로마의 콜로세움에서
생과사의 볼거리를 제공했던 것처럼 아주
잔인한 오락물 역할을 했다. 오락물이 그리
많지 않은 시대에 군중들은 스스로 유죄받은
사람들이 죽어서 지옥의 신 하데스에게
이르는 광경을 지켜보았다.

몇 순교자들은 화형당하고, 수장형당하며,
참형을 당하고, 혀가 뽑히거나, 입에 화약을
머금은 채 사형 당하기도했다. 냉담한
반응이든 환호에 찬 반응이든 폭력적
죽음을 보는 것은 신자들이 궁극적으로
하나님의 심판을 신뢰하고 있다는 것을 모든
참가자들에게 증명하는 것이 되기도 했다.

> 아니요. 저는 아버지의 왕국에서 새 포도주를 마시겠습니다.

때때로 프랑스와 벨기에 법정들은 처형
하루전에, 죽음이 예정되어 있는 자를 위해
'연회'를 열었다. 시청에서 피고인은,
비싼 음식과 포도주가 있는 자리에서,
시장과 지역 종교지도자의 사이에 앉아
그들에게 모욕을 받아야만 했다.

1557년 네덜란드 나이메헨 출신 제잇
헤이즌포잇이라는 한 유명한 선교사는
그들이 제공한 포도주 마시기를 거부했다.
그는 화형장에서 그의 처형을 견디며
지켜봐야 하는 제자들을 격려하기 위해
대담하게 찬양을 불렀다.

하지만 모든 순교자들이 대중의 오락거리로서 희생당했던 것은 아니다. 이것은 오스트리아에 있는 아나뱁티스트인 후터라이트그룹이 거대한 갤리선의 노를 젓도록 강요받았을 때 있었던 이야기이다. '일하다가 등골이 부숴져 죽을 때 까지' 국왕의 노예로 힘든 일을 했다. 어떤 사람들이 대포에 맞아 배 위에서 죽어가는 동안, 많은 사람들은 배고픔, 극도의 피로로 죽어나갔다.

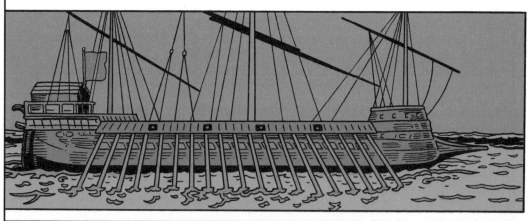

몇 아나뱁티스트들은 성경과 문학을 연결하여 공부하였다. 그들은 예수님께서 신약에서 말하신 것을 문자 그대로 받아들였다.

원수를 사랑하며 너희를 미워하는 자를 선하게 대해라. 너희를 저주하는 자를 축복하며 너희를 모욕하는 자를 위하여 기도해라.

스테이나브룬의 사람들아! 제국의 제독 안드레아 도릭이 노를 젓기 위해 우리 중 80명이 필요하다는 명령을 내렸다. 너희 중 믿음을 포기하는 사람은 안 가도 된다.

어떻게
해야 합니까?

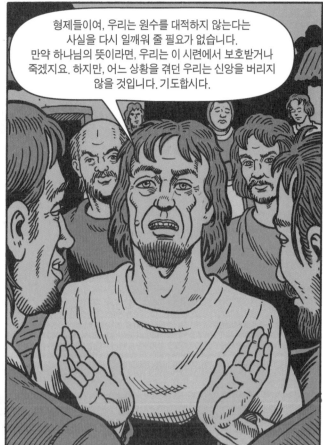

형제들이여, 우리는 원수를 대적하지 않는다는
사실을 다시 일깨워 줄 필요가 없습니다.
만약 하나님의 뜻이라면, 우리는 이 시련에서 보호받거나
죽겠지요. 하지만, 어느 상황을 겪던 우리는 신앙을 버리지
않을 것입니다. 기도합시다.

전능하신 하나님. 우리를 모든
잘못된 것과, 사악한 행동으로부터
보호해주십시오. 육지에서 뿐만 아니라
바다 위에서도 우리를 지켜주십시오.
끝 날까지 항상 당신과 함께 한다는
마음이 변치않게 해주십시오.

기뻐함으로 노래부르자. 죽음의
공포로부터 자유주시고, 우리를
구원하시는 하나님 안에서 나는 기쁘다.
하늘에 계시는 나의 슬픔을 덜어주시고,
나를 지키시며 보호하시는 그리스도
당신을 찬양합니다.

왜 노래를 부르지?

65

그들의 힘들었던 여행의 첫 여정은
팔켄스타인 성 지하감옥에 임시로
투옥되면서 잠시동안 끝이 났다.

저들이 우리를 배로
보내기 전에, 마을에 있는
가족들에게 잘 있으라는
편지를 써주시겠습니까?

당연하죠.
그들의 이름을
말해주세요.
저들이 우리를 다시
심문하러 오기 전까지
편지를 다
써놓겠습니다.

팔켄스타인의 성에서, 잠깐 사랑하는 사람들을 볼 수 있는 수감자들의 가족들은 그들의 남편에게, 아들에게, 아버지에게 가슴 아픈 작별인사를 했다. 그들은 오지 못한 사람들의 작별편지를 받아서 마을로 갔다.

배가 정박한 트리에스테의 항구로 가는 길…

이곳에는 독일말을 사용하는 사람들이 많습니다. 어쩌면 우리의 곤경을 그들에게 말하여 탈출할 수 있을지도 모릅니다.

형제여, 우리는 너의 적이 아니다. 우리는 그리스도안에서 하나된 몸이다. 우리를 이곳에서 벗어나게 도와주지 않겠느냐.

그것은 내 목숨을 담보로 해야 하는 일이지만, 당신이 부당한 이유로 이곳에 온 것을 알기 때문에 당신을 풀어 줄 기회를 찾아보겠습니다.

성서는 우리가 인간의 권위보다 하나님에 복종해야 한다고 합니다. 우리는 예수님이 걸어가신 길, 곧, 평화, 겸손, 거짓 없는 사랑의 길을 따라가기 원합니다. 예수님이 그렇게 하신 것처럼, 우리는 고통받고 죽을 각오가 되어있습니다.

전심으로, 당신이 하는 말이 옳다는 것을 압니다. 다른 보안관들은 술에 취해있고, 그들은 아침까지 잘 것입니다. 제가 당신과 함께가도 되겠습니까?

그렇게 그들은 탈출했다.…

69

집으로 돌아오는 길…

저기요. 우리말 할 줄 아십니까?

당연하죠. 저는 오스트리아 출신입니다.

선생님. 저희를 마을까지 데려다 주실 수 있으시겠습니까? 우리는 스테이나브룬에서 온 후터라이트입니다. 왕의 신하들이 우리가 아나뱁티스트라는 이유로 갤리선에 태우려고 했습니다. 하지만 우리는 `탈출했죠. 그들이 우리를 죽이는 것으로 우리의 운동을 잠재울 수 있다고 생각하지만, 매일매일 신자들이 늘어나고 있기 때문에 운동을 잠재우지 못할 것 입니다.

당신들 이야기를 들은 적이 있습니다. 당신들의 용기를 존경합니다. 내 가족들도 같은 생각을 하지만, 그렇게 말하는 것을 두려워했습니다. 당신들을 마을까지 데려다 주겠습니다.

여기까지 오는 길에 12명의 사랑하는 형제들을 잃었지만, 하나님의 은혜로 살아남을 수 있었습니다.

70

더크 빌렘스 이야기

이야기 ◆ 그림 ◆ 게리 덤   채색 ◆ 로라 덤

네덜란드 아나뱁티스트인 더크 빌렘스는, 그의 믿음 때문에 감옥에 갇히게 되었다.

나는 하나님께 이곳에 벗어나게 해달라고 믿음으로 기도합니다.

주변에는 아무도 없습니다.

저기 죄수가 탈출한다! 얼음 위로 도망간다. 반드시 잡아야 한다!

더크는 감옥생활로 몸이 가벼워져서
얼음 위를 쉽게 지났다. 그러나 추적자는
무거워 얼음이 깨져서 빠졌다.

살려
주세요!

하나님의 이름으로 구해주겠소.

그를 뒤쫓아오는
사람을 구해줬기
때문에,
더크의 안전은
보장된 것 같았다.

구사일생으로 살아난
추격자가 더크를
풀어달라고 했지만,
더크는 1569년 5월 16일
화형당했다.

초가지붕의 미스터리

이야기 ◆ 폴 부일   그림 ◆ 게리 덤   채색 ◆ 로라 덤

18세기, 달빛이 환한 어느날 스위스,
엠멘탈에서는 한창 도둑질이 진행중이었다 …

쉿. 서둘러.
이 평화를 사랑하는
집 주인이 깨기
전에 이 지붕을 다
가져가야 해.

그러나 평화를 사랑하는
피터는 깨어있었고,
그들의 도둑질을 지켜
보았다.

어머니. 일어나세요!
일하는 사람들이 왔어요. 밥을
준비하는 것이 좋겠습니다.

73

오랜 시간동안 저희 집
지붕을 치우느라 힘드시겠
습니다. 배가 고프실텐데 .
들어와서 식사 좀 하세요.

근데 사람들은 이들이 우리의
적이라고 말하던데!
나이 많은 피터는 전쟁에 나가기를
거부하고, 다른 메노나이트에게도
그러라고 한다는데….

맞아.
배고프니 일단 밥부터
먹자구.

하나님, 이 손님들과
그들의 가족을 지켜주세요.

그들은 초가지붕을 다시
원상 복귀했다.

이것이
마지막일세.

와우,
새지붕 같군!

74

제이콥의 결정

이야기 ◆ 폴 부일   그림 ◆ 게리 덤   채색 ◆ 로라 덤

1757년, 올해도 저희는 하나님의 복을 받았습니다. 이곳 우리가 선택한 새로운 땅에서 하나님을 예배할 수 있습니다.

그날 밤 제이콥의 아들은 창 밖을 보고 있었다.

우리는 인디언에게 포위됐어!

아들이 무의식적으로 총을 집어 들었지만, 제이콥이 그를 말렸다.

안돼!

나는 내 가족을 사랑하지만 살인은 죄다.

다른 사람의 생명을 빼앗는 것은 옳지 않다. 우리는 이 인디언들을 쏘지 않을 것이다

날이 밝을 때까지 기다리면, 인디언들은 갈 것이다.

불은 집까지 퍼져갔고, 피신하려고 했을 때 그들은 인디언들에게 포위되었다.

다음 날 아침, 이 소식을 들은 이웃들이 왔지만 너무 늦은 뒤였다.

인디언들이 제이콥과 두 아들을 데리고 갔다!

1912년 아미시인 호체스테틀러가 자신의 가족사를 썼는데 …

"제이콥은 후에 인디언 포로에서 탈출하여 자신의 마을로 돌아갔다. 그의 아들, 크리스찬은 인디언 마을에 입양되었다. 여러 해 뒤에 그는 아버지를 만났지만 다시 인디언 마을로 돌아갔다. 그의 또 다른 아들 조셉은 1765년 협정 덕에 안전하게 돌아왔다. 그는 남은 삶을 인디언과 함께 사냥하고 낚시를 하며 보냈다. 우리는 이것이 비폭력과 용서의 대표적인 이야기라고 생각한다.

친우회(퀘이커): 존 울맨 이야기

이야기 ◆ 폴 부일   그림 ◆ 게리 덤   채색 ◆ 로라 덤

친구, 이 매도 증서를 써주게.

아무 악의 없이 묻는 거네. 이 증서가 정말 사람을 거래하기 위한 것인가?

당연하지. 존 이것은 재산을 양도하는 것과 같네. 다른 친구에게 흑인 노예를 팔고 싶어하는 친구가 있어.

알겠네.

하지만, 나는 노예제가 그리스도의 교리와 맞지 않는 것 같네.

존. 자네도 알듯이 친구들이 노예가 있잖아

내가 뭔가 잘못된 일을 하고 있는 것 같다. 내 연약함이 죄책감으로 채워지는 것 같아 괴롭다.

나이가 들어 34살이 된 존은, 언론의 감독관이자, 필라델피아 친우회 편집자에게 자신의 글을 설명했다.

나의 글에 "흑인을 지키기 위한 몇가지 고찰"이라는 제목을 붙이겠습니다. 이것이 명확하고 이치에 맞기 때문입니다.

당신이 백인 어린이보다 강조하는 것이 무엇입니까?

노예가 있는 부유한 집안에서 자란 아이들은 삶과 노동에 대해 잘못된 생각을 갖게 될 것입니다.

펜실베니어의 친우회
-연례회의-

나는 노예제에 대해 친구에게 맞서거나, 힐난하지 않았습니다. 내가 방문하는 동안 노예들이 일한만큼 그 댓가를 치러야 한다고 주장하는 것 뿐입니다.

THE END

퀘이커와 인디언

이야기 ◆ 데이브 바그너   그림 ◆ 게리 덤   채색 ◆ 로라 덤

만약 펜실베니아에 있는 퀘이커들이 잠시라도
노예 소유를 허용했다면, 그들을 향한 인디언들의 행동은
지금과 달랐을 것이다. 1682년, 윌리엄 펜은
쉐카목손이 있는 델리웨어부족과 첫 협약을 맺었다.

그것은 신뢰와 존중을 기반으로 한
펜실베니어의 "거룩한 실험"의 시작이었다.

퀘이커의 땅에서는
인디언과 공정한 가격으로 거래를 해야했다.

범죄를 저질렀다고 해서 연행된
델리웨어 부족 사람은 인디언
배심원을 선임할 권리가 있었다.

공정한 거래로 인종 사이의 조화가 이뤄졌다.
퀘이커 농부들이 그들의 아이를
인디언 주민에게 맡기는 것은 일상이었다.

80년동안 펜실베니아는 평화속에서 통치되었다. 퀘이커인 에드워드 힉스도 그의 유명한 그림, 평화의 왕국에서 이러한 평화통치를 칭송했다.

1729년, 유럽 이민자들의 압박으로 평화는 위기에 빠졌다. 수많은 유럽인들이 필라델피아 서부에 정착했다. 독일인들은 프랑스가 공격한 그들의 고향인 라인지방으로부터 피난을 왔다. 20년 전, 대왕제국 여왕 앤은 런던에서 후에 펜실베니아 더치(그리고 그녀를 따르는 프로테스탄인들)의 은신처로 독일사람들에게 팔라티네 지역을 약속했기 때문이다.

곧 영국의 해군본부가 북부뉴욕으로 그들을 실어보냈다.

또한 영국의 정착민들과 펜실베니아에 있는 모든 인디언들을 다스리는 이로쿼이인 연방 사이에서 완충 역할을 하기 위해... 팔라티네인들은 이로쿼이인과 싸우거나 친구가 되어야 했다. 그들은 퀘이커 방식을 선택했다.

팔라티네 사람들 중 1697년에 위템베르그에서 태어난, 남들과 조금 다른 콘라드 바이저라는 사람이 있었다. 그는 16살이 되어 이로쿼이와 함께 살기 위해 집을 떠났다. 15년 동안, 때때로 그는 이로쿼이와 사냥을 하며 살았다.

1729년, 팔라티네인들은 농장에서의 고역과 고난에서 탈출하기 위해 수스케한나강을 따라 펜실베니아에있는 툴펜호켄에 이르렀다. 그들은 가난한 떠돌이었다.

1972년 팔라티네 탈출 경로

유티카

뉴욕

모학크 강

쉬네타디

알바니

엘미라

펜실베니어

수스케한나 강

양커스

뉴저지

뉴욕시

툴펜호켄

샤모킨

울멘스도르프

트렌톤

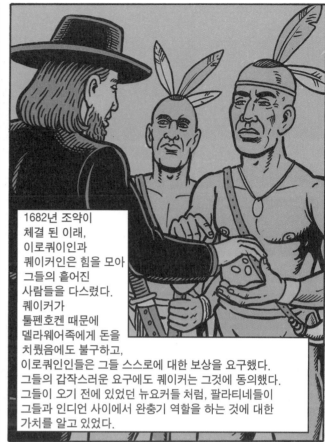

1682년 조약이 체결 된 이래, 이로쿼이인과 퀘이커인은 힘을 모아 그들의 흩어진 사람들을 다스렸다. 퀘이커가 툴펜호켄 때문에 델라웨어족에게 돈을 치뤘음에도 불구하고, 이로쿼인인들은 그들 스스로에 대한 보상을 요구했다. 그들의 갑작스러운 요구에도 퀘이커는 그것에 동의했다. 그들이 오기 전에 있었던 뉴요커들 처럼, 팔라티네들이 그들과 인디언 사이에서 완충기 역할을 하는 것에 대한 가치를 알고 있었다.

1730년, 내륙에 있는 부족들은 그들의 땅을 침입하는 것과 럼을 무역하는 것, 땅을 투기하는 것에 대해 분노를 표출했다. 또한 그런 백인들을 통제하지 못한 퀘이커를 비난했다.

퀘이커는 이로쿼이인들에게 국경지역의 통제를 위한 정식조약을 맺자고 제안했다.

이로쿼이인들은 높이 평가받는 오다이더족의 외교관인 시켈라미를 필라델피아로 보냈다. 그는 이 연합을 공식화하기 위해 400km를 걸었고, 툴펜호켄을 지날 때 콘라드 바이저를 만나 통역을 부탁했다.

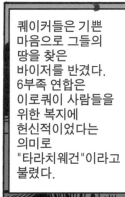

퀘이커들은 기쁜 마음으로 그들의 땅을 찾은 바이저를 반겼다. 6부족 연합은 이로쿼이 사람들을 위한 복지에 헌신적이었다는 의미로 "타라치웨건"이라고 불렸다.

퀘이커들은 샤이켈레미와 함께한 그 같은 사람은 수스케하나 땅을 넘어선 지역까지 퀘이커의 영향력을 넓히도록 도와줄 것이라고 여겼다. 그리고 실제로 이 두 친구는 내륙에 있는 다양한 부족들에게 퀘이커와 동맹을 알렸을 뿐 아니라, 그 후 20년 동안 거룩한 실험을 계속하며 퍼뜨렸다.

어떻게 이 위대한 평화가 끝이 났을까.

1749년, 세네카 외교관은 펜실베니아 정부에게 어떤 권리로 백인이 수스케하나 서쪽에 있는 주니아타 강변에 오두막을 짓고 있냐고 물었다.

우리는 조약대로 그 곳에 불법으로 집을 짓는 사람들을 처리할 것입니다.

일을 쉽게 해결 하기 위해서, 6부족 연합은 수스케하나의 서부에 남아있는 땅의 권리를 펜실베니아주에 팔았다. 그래서 주니아타에 사람들이 정착하게 할 수 있게 되었다. 해밀턴은 사절단를 보내 주니아타 협정에 대한 안내문을 붙이라고 했다. 그는 바이저에게 정착민들이 그것을 무시하면 어떻게 할 것 이냐고 물어봤다.

만약 당신이 오두막을 이대로 둔다면, 인디언들은 그것들을 다 태워버릴 것입니다. 우리끼리 해결하는 것이 좋지 않겠습니까.

정착민들은 벽에 붙인 안내문을 무시했다. 1750년 5월, 해밀턴은 바이저와 쉬켈라미의 두 아들과 함께 치안판사와 무장된 군대를 보냈다. 그들은 현재 톰슨타운이라고 불리는 곳에 도착했다.

리틀 주니아타에서, 그들은 분노와 불신의 모습을
보인 열한 가족을 발견했다.

다른 오두막에 살고 있는
사람들은 재산은 그대로
둔 채 밤에 도망했고, 그
오두막은 모두 불태워졌다.

이들을 뒤로 한채, 큰 코브, 작은 코프,
오윅, 그리고 투스코로라길 등, 많은 지역을
다니며 오두막을 잿더미로 만들었다.

통치자의 임무가 반 밖에 끝나지 않았을 때…

5개의 정착지가 불 탄 뒤에…

바이저는 홀연히 자취를 감춰버렸다. 아무런 설명도 없이, 홀로 그의 집 투레페호큰으로 걸어갔다. 그에게 무슨일이 일어났는지 보고하라는 요청에 단 한번도 응답하지 않았다.

홍수같이 몰려오는 이민자들에게 대항하는 일이 헛수고 라는 것을 예견한 것일까? 그는 퀘이커가 인디언, 팔라티네인과 함께 만든 사회가 전쟁 때문에 휩쓸려 갈 것을 이해했을까?

주니아타에 있는 가족들처럼 툴페호켄에 있는 정착민들을 보며 자기 고향 사람들이 생각났던 것일까?

1755년, 거룩한 실험은 프랑스와 서부의 인디언과 싸우려고 군대조직에 대한 투표가 아니라 펜실베니아 의회에 남아있던 퀘이커들이 집단으로 사직함으로써 끝이 났다.

무엇을 잃었는가?

만약 퀘이커의 평화정책이 계속 되었다면, 미국은 지금과는 아주 다른 나라가 되었을 것이다.

오늘 밤 당신들과 함께 이 게임을 볼 수 있어서 좋아요!

과자를 만들었어요. 같이 먹어요!

필라델피아 퀘이커

뉴욕 이로쿼스

힘들게 도달한 그 소중했던 평화를 잃게된 후, 퀘이커의 평화는 다시 회복되지 않았다.

안젤리나 그림케 크리스천 노예폐지론자

글 ◆ 데이브 바그너 그림 ◆ 게리 덤 채색 ◆ 로라 덤

안젤리나는 남부의 부유한 가정에서 자랐다.

저는 기독교와 노예제를 이해할 수 없어요.

그러나 후에, 필라델피아에서 퀘이커로 개종하면서, "남부에 사는 크리스천 여성에게 보내는 요청"(1836)이라는 유명한 소책자를 썼다.

노예제는 성경에 적혀있는 인간에게 주어진 첫 번째 권리와 어긋나며, 구약법상 노예제는 절대 있을 수 없는 것입니다. 또한 노예제는 예수님과 사도들의 가르침에 어긋납니다.

1839년 안젤리나는 남편 시어도어와, 여동생 새라와 함께 『미국 노예제의 실태: 천 명의 목격자들의 증언』 이라는 책을 발간했다. 이 책은 처음으로 많은 사람들이 노예제의 잔인함을 깨닫게 해주었다. 해리엇 비처 스토라는 작가는 『톰 아저씨의 오두막』이라는 책에서 노예제의 잔인함을 주제로 다뤘다.

미국 노예제의 실태: 천 명의 목격자들의 증언

현대의 급진적 예수들

닉 토켈슨

약자 가운데 함께 하리라···
신앙을 바탕으로 한 운동

*1998년 허리케인 때문에 폐허가 된 아이티의 수도

90

포로 된 자들에게 자유란 무엇일까요?

브록톤에 사는 많은 아이들이 감옥에 갇혀있죠.

당신도 20년 전에 우리의 모임이 시작되도록 도와주신 저의 멘토, 조를 알고 계실 겁니다.

1960년대 군인이 볼리비아를 덮친 뒤, 그는 선교사가 되었습니다.

그의 친구 중 공장에서 일하며 그 곳에 있는 여자아이들을 도와주는 수녀가 있습니다. 그녀는 군사들에게 찍혔고, 감금을 당해 고문을 받았습니다.

그가 그녀를 구하려고 했을 때 그는 볼리비아에 불온분자들을 가두는 5개의 비밀감옥이 있다는 것을 알게 되었습니다.

그 비밀감옥 뒤에는 CIA가 있었습니다.

그는 정부에 뇌물을 주고 수년간 근무했습니다.

그는 많은 사람들을 구했습니다.

눈이 멀었었지만 이제는 본다고요?

저는 "한 때 길을 잃고 방황했지만, 지금은 찾았습니다. 눈이 멀었지만 이제는 봅니다"라는 가사의 "어메이징 그레이스"를 좋아합니다

당신도 알겠지만, 이 곡을 쓴 사람은 그가 회개하기 전에는 노예를 사고파는 질이 안 좋은 사람이었습니다.

← 존 뉴튼

제 생각에 그것은 "원수를 사랑하는 것" 아닐까요.

우리는 은행원, 부패한 정치인, 전쟁을 유발하는 사람들에게 충고를 해야 하지만, 그들의 차가운 마음을 녹이기 위해서는 그들을 포용할 수 있어야 합니다.

종습니다. 그렇다면 "눌린 자를 자유롭게 한다"는 말은 무엇을 의미할까요?

휴

어려운 질문이네요.

가난한 사람에게 좋은 소식을 가져오는 노력에는 현대의 많은 예들이 있습니다.

노예들이 "너 예수께 조용히 나가"라는 문구에 용기를 얻었던 시절의 미국으로 돌아가 봅시다.

메노나이트, 퀘이커, 아미시, 몇몇의 감리교인과 침례론자들과 같은 뜻이 있는 소수 종파는 노예제를 죄로 여겼습니다.

그들은 스스로 노예 소유를 거부하거나 노예의 노동에 대한 값을 노예에게 주었습니다.

노예제에 반대하는 교파, 특히 퀘이커들은 노예탈출을 돕는 비밀조직을 결성해 개인적으로 노예제에 저항하거나

모든 노예제 폐지론을 주장했습니다.

흑인도 사람이고 형제다

또한 그들은 노예제를 반대한 군대에 지원하였고, 훗날 중서부 주의 특성이 되어 아브라함 링컨을 대통령으로 만들어, 끔찍한 노예제를 반대하는 불씨에 불을 붙여 미국에 있는 노예제를 폐지시켰습니다.

몰래 가버리다: 노예제 폐지와 흑인들의 자유

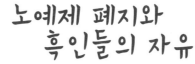

이야기
에이린

어느 날 밤, 우리는 다른 주제로 묵상을 했습니다.

이것은 예수님께서 예루살렘으로 가시는 길에 설교하신 누가복음 13:29-30절 말씀입니다

너희는 사방에서 사람들이 와서, 하나님 나라에서 함께 식사하는 것을 볼 것이다. 그러는 동안 너희는 바깥에서 안을 들여다보며, 이것이 어찌된 일인지 의아해 할 것이다. 이것은 위대한 반전이다. 맨 뒤에 서 있던 사람이 앞으로 오고, 앞에 섰던 사람이 결국 나중 될 것이다

청년들은 이것이 그림의 떡이라고 생각할 것입니다.

하지만, 저는 1963년 버밍험에서 이것을 보았습니다.

나와 내 친구들은 더 좋은 환경이나 다른 어떤 것에 마음이 동요하지 않게 평생 분수에 맞게 사는 방법을 배웁니다.

우리는 우리 자신을 높이고 우리 형제자매 중에서 "가장 낮은자"를 높이고자 바빌론 시내에 모였습니다.

나는 공민권운동*이 우리를 식탁 앞에 앉혔다고 생각하지 않습니다.

실직, 강제수용, 따돌림 혹은 학교에서 낙제를 받는 일을 통해서 흑인들은 힘든 상황에 있지만, 나는 우리가 갈 길이 있다고 생각합니다.

*1950년대 미국의 흑인에 대한 공민권 적용을 요구했던 사회 운동.

그러나 실망하지 않습니다.

그때마다 나는 나의 영웅이자 노예폐지론의 선구자 트루스 소저너를 기억하려고 합니다.

그녀는 노예제 폐지만으로는 충분하지 않다는 것을 알고 있었지만, 소신을 가지고 그녀의 역할을 다했습니다.

아사벨라 바움프리(그녀의 본명)은 9살의 나이에 뉴욕 킹스턴의 잔혹한 주인에게 양 떼와 함께 팔렸습니다

TOT ZIENS, MOEDER*

*안녕, 엄마 (그녀가 처음 배운 말은 네덜란드어 입니다)

노예생활을 하며 이 사람 저 사람에게 팔려다니면서, 이사벨라는 낙심이라는 것을 알아갔습니다.

1826년, 뉴욕주에 노예제가 폐지되기 1년 전, 이사벨라는 도망하기로 결심했습니다.

영어로 말하라고 했지!

너는 착하구나. 너를 놔주기로 마음먹었다!

이런, 마음이 변해버렸네!

로버트 주인이 반대하니 너는 로버트와 결혼할 수 없다.

내가 잘못될 것이라는 생각을 하면서 도망간 것이 아닙니다. 잘될 것이라고 믿으며 발을 뗐습니다.

스스로 노예에서 해방하는 과정에서 이사벨라는 쓸모 없는 감정에 휘둘렸습니다.

분노!

모독감!

내가 예나 지금이나 여전히 죄인이야!

그녀는 스스로를 하나님의 은혜를 받은 사람이라고 믿었지만, 그 마음을 끝까지 유지하지 못했습니다.

그녀의 가족과 친구들이 주인의 노예에서 놓여나는 축하 파티를 준비하고 있었을 때…

"엄마 아빠는 너무 멀리 있어"

엄마 아빠

그녀는 다시 노예생활로 돌아가려는 생각을 하게 됩니다.

하지만, 상처와 멍이 가득한 그녀를 닮은 영혼의 형상이 가로막았습니다. 그녀는 그것이 예수님의 형상이라고 생각했습니다.

나는 당신을 알아.

나는 당신을 몰라.

"그녀 자신과 상처 입은 형상 사이에 서있곤 했던 친구"

그 환상은 그녀가 여러 종교파 사이를 돌아다니게 하는 계기가 되었습니다.

돼지를 먹은 자는 삼십 분 안에 거짓말을 할 것이다.

여자를 가르치는 사람들은 사악한 자들이다.

유태인은 면도를 하면 안 된다.

알바니아인들이 곧 멸망할 것이다.

바빌론으로 가는 길은 참 멀구나.

노스햄프톤

코네티컷

뉴저지

뉴욕

롱아일랜드

그녀는 필요한 것을 챙겨 "소저너 트루스"라는 이름으로 순회설교를 했다.

가난한 자들은 나를 재워주는데, 왜 오히려 잘사는 사람들은 나를 위한 방이 없다고 말하는 것일까?

아이들은 나에게 있는 그대로의 성경을 읽어주는데, 왜 어른들은 그것이 무슨 뜻인지 말해주려 하는 것일까?

설교를 하면서, 롱아일랜드, 코네티컷 강을 지나면서 그녀는 유토피아 공동체인 노쌤프튼 기관에 머물렀다. 그리고 그녀는 그곳에서 노예폐지론을 이끄는 사람과, 여성 인권 운동가들을 만났다.

하지만, 전쟁 상황은 사람들의 믿음을 시험했다.

소저너 트루스는 미시간주에서 남은 시간을 보냈다. 그곳에서 그녀는 연방정부를 향해, 자유가 된 노예들에게 서쪽에 있는 농지를 주어 보상해달라고 소리쳤다. 하지만 아무도 그녀의 탄원을 듣지 않았다.

이제 이것을 보세요.

그리고 어쨌든.

보는 것은 그냥 기다리는 것과는 다릅니다!

공민권운동
사랑의 극단주의자

1940, 50년대 알라바마, 당시 소녀였던 나는 "**기다려**"라는 말을 꽤 많이 들었습니다.

우리는 남부에 있는 백인들의 투표 없이는 노동법을 통과시킬 수 없습니다. 그러니…

기다려!

현대 산업과 통신 기술은 편견을 쓸모없게 만들 것입니다. 그러니…

기다려!

당신은 사람들에게 서로를 좋아하라고 강요할 수 없습니다. 그러니…

기다려!

대부분은 무효가 되었다.

1954년

학교에서의 차별은 위헌이다.

1955년

버스에서의 차별은 위헌이다.

잠깐만.. 무작정.. 기다려봐!

아직은 내 말이 곧 법이야.

나는 인종차별을 폐지하지 않을 거야.

누가 나를 건드려!!

누가 이런 일을 했는지 알려드리겠습니다.

운동의 진전

예수님께서 사랑의 극단주의자가 아니었나요?

아리조나주 몽고메리의 70,000명의 보이콧

로사 파크

엘라 베이커

마틴 루터 킹

랄프 애버내시

사도행전은 행동을 담은 책입니다. 복음은 당신을 힘들게 할 수도 있지만, 하나님께서 구해주실 것입니다

프레드 셔틀스워스

4인의 그린보로

페니 로우 헤이머

"믿음은 우리가 바라는 것의 실상이고, 보이지 않는 것의 증거입니다."

프리덤 라이더

로버트 모세

그리고 100만명이 넘는 사람들

운동가 중 제가 가장 존경하는 엘라 베이코는 CAACP(미국 흑인 지위 향상 협회)를 창설했습니다. 그녀는 사람들에게 리더로 알려져 있기보다 창설자로 알려져 있었습니다

하지만 엘라에게 문제가 있었습니다. NAACP의 사람들에게 1954년 법원의 결정은 거의 투쟁의 끝으로 해석되었다는 것입니다.

저는 강한 사람들에게는 강한 리더가 필요 없다고 생각합니다

미스 엘라는 플로리다, 조지아, 알라바마 그 뒷길을 넘어 여행하고 있었습니다. 그녀는 그것이 쉽지 않을 것이라는 것을 알고 있었습니다.

버밍험의 베델침례교회에서 목회를 하는 프레드 셔틀스워스 목사는 두려움을 모르는 사람이었습니다.

우리는 그가 얼마나 겁이 없는 사람인지 직접 보았습니다. 1957년, 버밍험시티 시의회가 법정을 거부하고 버스차별을 추진했을 때의 일입니다.

방법이 없어.

인권을 위해 움직였던 알라바마 기독교 운동가들인 프레드의 무리들은 시민불복종을 요구했습니다. 그 캠페인이 시작되기 전날 밤:

누군가 그의 목사관을 폭파시켰습니다

프레드가 정신을 차려보니 그 곳은 지하실 바닥이었고, 다행히 다치지는 않았습니다

아 ~ 구원 받았다는 것이 이런 거구나!

당신들도 이 캠페인에 참여할 것입니까?

네 그렇습니다

당신은 그 폭파 사건을 겪고도 두렵지 않습니까?

예, 그럼요.

요구한다

지금

자유를!

도망가라고 구원받은 게 아니지.

이제 그만

마틴루터킹에 대한 이야기를 해보겠습니다.

나의 '죄'가 자랑스럽습니다.

그것은 불의에 맞서 비폭력저항을 하는 사람들과 함께 해 생긴 죄입니다.

마틴루터킹은 그가 목회를 했던 몽고메리에서 처음으로 투옥되었습니다.

알라바마, 몽고베리주에서, 우리는, 평화와 정의가 넘치는 그 약속된 땅에서 만날 것이라는 사실을 알고 있었기에 전진할 수 있었고, 지치지 않았습니다.

마틴의 믿음은 우리에게 전염이 되었고, 우리는 그를 리더로 세웠습니다.

악은 어쩌면 가이사가 왕궁을 차지하고 예수가 십자가에 매달리도록 하는 사건들을 빚어낼 수는 있겠지만

언젠가 바로 그 예수가 일어나, 역사를 기원전과 기원후로 나누어

가이사의 생명조차 자신의 이름에 의해 구 시대로 남게 할 것입니다.

마틴은 어디서 이런 용기를 얻은 것일까요?

사랑을 주장하는 이런 미치광이는 견고한 사회의 기둥을 무너뜨립니다.

바야드 러스틴

마틴을 두고 이야기하는 것 같나요? 그런가요?

사실, 바야드 러스틴 형제는 예수님을 미치광이라 말한 것이죠.

내가 합법적인 차별이라고 말한 것을 잊지 않았을 것입니다. 우리는 여전히 흑인차별정책이 있습니다. 그것은 불균형적으로 흑인 청년들(또한 여자들도 늘어나고 있음)이 대량투옥 당하는 것만 봐도 알 수 있습니다.

예레미아 라이트 목사(주류 미디어에서는 비난을 받았지만 대량투옥에 반대하며 동맹맺은 수천 개의 흑인 교회에서 칭송을 받은)를 이렇게 설명해보겠습니다.

요셉 수감자! 무고하지만 강제처벌을 받아 여기에 있는 그는, 강간죄로 고소를 당했습니다.

그리고 더 중요한 것은, 요셉의 때에 여자들은 그들 남편의 소유였기 때문에, 요셉은 다른남자의 소유를 탐한 것입니다

요셉의 가장 큰 문제는, 그가 그 곳에 있지 않았다는 것입니다

내 이름은 감옥에 쳐 넣어진 예언자 예레미아의 것에서 따온 것입니다.

그의 조국은 예레미아를 협박했습니다.

그럼에도 불구하고 시드기아 왕은 예레미아의 감옥에 들어와서 말했습니다.

하나님께서 뭐라고 하신 말이 없느냐?

예수라는 또 다른 수감자는, 죄 없이 누명을 쓴 채로 투옥되었습니다.

수감자, 바울과 실라는 불법으로 돌아가던 경제 구조를 혼란스럽게 했습니다.

바울과 실라는 책임 지고, 감옥 시스템을 운영하는

로마인 재판관 앞에 섰습니다.

(하지만 이 얘기는 악질 시스템을 위해 일하는 모든 사람들이 다 악질은 아니라고 말하고 있습니다.)

예수는 팔레스타인 사람으로서도, 수감자로서도 그 곳에 있지 않았습니다.

그들이 그를 무덤에 넣었을 때 조차도 그 곳에 없었습니다.

평화를 위해 사용한 검:
전쟁에 저항에서 가난한 사람에게 봉사하다.

이야기

조안

예수께서 마태복음 25장 35절에서 정의로운 사람들을 설명하셨던 말씀입니다. "너희는 내가 배고플 때 나에게 먹을 것을 주었고, 내가 목마를 때에 나에게 마실 것을 주었고, 내가 떨고 있을 때 나에게 옷을 주었고, 내가 병들었을 때 병문안왔고, 내가 감옥에 갇혔을 때 면회를 왔다."

제가 프레이밍험 감옥에 갇혔을 때 나를 면회왔다는 것은 저에게 큰 의미였습니다.

그것이 제가 적어도 한 달에 한 번 그곳에 있는 여성들을 방문하는 이유입니다.

저처럼 한적하고 작은 도시인 밀타운에서 온 착하고 어린 카톨릭의 소녀가 감옥에서 무엇을 했을까요?

사실 저는 그렇게 좋은 소녀는 아니었습니다.

제가 처음 집을 떠났을 때, 아니 도망쳤을 때, 저는 교회의 위선과, 가부장적 모습에 대한 분노로 가득 찼었습니다.

시한폭탄 같았죠!

105

알콜중독자 갱생회는 저를
보스턴에 있는 '가톨릭노동자'의 기숙사에
있는 헤일리의 집으로 안내했습니다.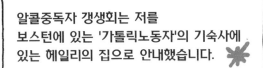

가난한 사람을 섬기는 것이
예수를 섬기는 것이라는 말씀은
저의 영혼을 울렸습니다

너희는 내가 배고
때 나에게 먹을
주었고, 내가
때에 나에게
것을 주
내가
떨고

옷을 주었고,
병들었을 때
병문안왔고,
내가 감옥에
갇혔을 때
너희가
면회를

가난한
사람은
여러 가지로
억압받습니다.
제가 했던 한 가지
생각은 대량살상,
대량파괴을 하는
무기를 만드는데
우리가 얼마나 많은
돈을 사용하는가
였습니다.

제가 처음으로 복음서를 읽은 곳이
헤일리의 집입니다.
계시에 대해서 얘기해봅시다!

핵 무기를 만드는
모든 돈은 가난한 사람과
노동자로부터 착취한 것입니다.

가톨릭 노동자

*'가톨릭노동자'(Catholic Worker)
대공황에 도로시데이, 피터 마우린이
창립한 첫 신문이자 운동의 명칭.

모두가 형편이 좋아지려고
노력하면 아무도 그렇게 되지 않습니다.
하지만 모두가 잘 살려고 노력하면
모두의 형편이 좋아지게 됩니다.

하나님께서는
가난한 사람들이 많아지는 것을
의도하지 않으셨습니다. 계급은
그가 아닌 우리가 만든 것입니다.
우리는 그것을 정리해왔고, 그것을
변하게 하는 것은 우리에게
달렸습니다. 그래서 우리는
혁명적인 변화를
주장합니다.

저는 가난한 자들을 직접 도와주며 실행에 옮기는 가톨릭노동자들을 보고 마음이 움직였습니다. 또, 가톨릭노동자로부터 시작한 플라우셰어운동의 일원으로 전쟁과 전쟁준비를 반대하는 그들의 직접적인 움직임을 보고 더욱 감동을 받았습니다.

1968 : 댄, 필 베리건 형제와 7명의 사람들이 케이턴빌에서 직접 만든 네이팜을 넣어 징병위원회 기록을 불태웠으며, 플라우셰어의 비폭력 시민 불복종자들에게 본보기를 보였습니다.

친구들이여. 당신들이 어린이들을 불태웠지만, 나는 종이를 태웠습니다. 종이를 태워 질서를 깬 것에 대해 참으로 미안하게 생각합니다.

캐이턴빌의 9인의 시도에 대한 다니엘 베리건의 언급

어쩌다가 제가 감옥에 갇히게 되었을까요? 저는 무단침입죄로 잡혔습니다. 우리는 캠브릿지에 있는 드레이퍼연구소에 전쟁에 반대하는 배너를 걸려고 했습니다.

살인을 멈춰라

NO WAR

이곳 드레이퍼는 트라이던트※ 미사일 유도 보안 시스템을 제작한 곳입니다. 핵 전쟁시에 먼저 타격해 대규모살상을 하려는 우리 정부의 계획과도 관련이 있는 곳이죠.

※ 잠수함에서 발사하는 탄도미사일로 3단 고체연료를 사용하여 가볍고 정확도가 높다. 미국 록히드 마틴 제조.

함대 주간 행사에 가이드를 했던 젊은 해군사관이 많은 여행객들에게 이렇게 말하더군요.

필리핀 해의 미육군함정은, 자랑스럽게도, 항구에 있는 최고의 군함이었으며, 아프카니스탄에게 첫 4개의 미사일을 발사했습니다.

모든 미사일은 목표에 명중했지요!

저기요. 하지만, 만약 이 미사일들이 주거지에 떨어지면 어떻게 되는 겁니까?

그건… 생각해본 적 없어요

그래서 당신은, 우리가 핵무기 사일로를 "범죄성 침해"할 때, 우리가 전쟁피해와 흘린 핏자국의 사진을 전함의 갑판 위에 올려놓을 때,

우리는 현대의 원격제어전쟁에 종사하는 사람들에게 그들이 실제 사람들에게 하고 있는 것이 무엇인지 알려주려고 노력하고 있습니다.

또한 그 배에 올라와 축하의식을 하려는 사람들을 봅니다. 그들이 전쟁에서 죽임을 당하고 불구가 된 아이들의 얼굴과 피를 본다면 …

어쩌면, 그들은 그러한 행위를 하지 않을 것입니다.

1997년 핵을 쏠 수 있는 군함에 저항의 의미로 망치질을 하고 피를 뿌렸던 6인의 플라우셰어 운동가들은 이것을 "평화 플라우셰어의 왕자"라고 설명할 것입니다.

요한복음 20장 19-20절에서, 예수님은 제자들에게 나타나 그의 일을 행할 수 있는 힘을 주셨으며, 상처를 보여주시고 "너희에게 평화가 있으리라"고 말씀하셨습니다.

그리스도의 평화의 나라는 지배가 없는 곳이며, 부정이 파멸된 곳이며, 폭력은 저편으로 사라진 곳입니다.

예수님께서는 공식적인 폭력을 영속하는 부당한 법률을 타파하는 십자가를 제외하고는 평화가 없다는 것을 보여주기 위해 그의 상처를 보여주셨습니다.

우리가 단지 피켓을 들고, 말하고, 글을 쓰는 것으로만 핵 무기에 대항한다면 그들의 정당성에 협력하는 것으로 그치는 것입니다.

여러분 모두 저의 남편 토니를 알겠지만, 우리가 플라우셰어에서 만났다는 것은 모르실 겁니다.

제가 오늘 밤, 토니의 운동 경험을 이곳에서 나눠달라고 부탁했습니다.

잘들 지내셨나요.

저도 저의 아내처럼, 공장이 많은 마을에서 자랐습니다.

우리 중 몇몇에게 대학진학은 선택사항이 아니었습니다. 저는 고등학교 때 군에 끌려갔고

지뢰를 밟아 6주 동안 베트남에 있었습니다.

일어나 보니 네이팜탄에 맞아 화상을 입은 채 소리를 지르고 있는 아이들이 가득 찬 방이었습니다.

저는 미국 V.A 병원에서 지옥에 대해 알게 되었습니다. 간호사들은 모르핀을 주사하고 이상한 의사들이 있었습니다.

한 의사를 만났는데, 그는 "당신 다리를 잘라버릴 거야"라며 밖으로 나갔습니다. 저는 그가 돌아오기 전에 그곳을 빠져 나왔습니다.

그 즈음 저는 징병자 목록에 네이팜탄을 들이붓는 사제가 있다는 말을 들었습니다. 저는 혼란스러웠습니다.

저희 고향 교구에서는 빨갱이 에게 폭탄을 던지라고 가르쳤기 때문이었습니다.

왠지 모르겠지만, 저는 다른 사람을 사랑하라는 예수님의 가르침을 배운 그 곳에서 '가톨릭노동자'의 길을 걸어야 겠다고 생각했습니다.

저는 볼티보어 '가톨릭노동자'가 있는 지역의 요나의 집에서 살면서 필 베리건과 함께 일했습니다.

그 일은 집에 페인트를 칠하는 것이었습니다.

필은 교회의 뾰족탑 칠을 잘했습니다.

저는 로드아일랜드와 코네티컷에서 운동에 두 번 참가했습니다. 두 번 다 트라이던트 미사일에 저항하는 것이었고, 운동을 하면서 각각 1년 동안 감옥에 갇혀있었습니다.

그것은 모험이었습니다. 그들은 당신이 트라이던트 미사일을 부수러 다른 주로 가는 동안, 현수막을 걸었다는 이유로 조안을 감옥에 가두었습니다.

이라크에는 대량학살 무기가 없다고 알고 있었지만, 미국은 대량학살 무기를 가지고 있습니다.

헬렌 우드슨

플라우셰어 활동 때문에 27년 동안 감옥에 갇혔던 그녀가 2011년 출소했다.

27년씩이나요? 우리는 갇혀있었다는 것을 알리려면 무엇을 해야 할까요?

변한 것은 없습니다. 그렇죠? 우리는 아직 전쟁 중입니다. 우리는 여전히 핵무기를 가지고 있습니다.

그들이 요나의 집에서 자주 했던 말이 있습니다.

"예수님은 우리에게 성공하라고 하지 않으셨습니다. 단지 믿음을 가지라고 하셨습니다."

그는 비천한 이들을 높이신다:
가난한 사람들과 함께하며 공동체를 만든다.

이야기
조

오늘 밤 조가 믿음으로 그의 생각을 말한다면 좋겠습니다.

고마워요, 지니. 저는 오늘 밤 성직자로 온 것이 아닙니다. 저는 그 직분을 벗어 던졌습니다.

오늘 저는 듀웨이 광장에 있는 보스턴 야영장에서 있었던 일을 얘기할 것입니다. 그 곳에 있던 젊은이 중 몇몇은 저의 말을 듣기 원했고, 이렇게 적혀있는 피켓을 저에게 주었습니다

1%의, 1%에 의한, 1%를 위한 정부는 사라질 것이다.

그것이 제가 말을 시작할 수 있게 한 동기부여였죠.

저는 하나님을 찬양하는 마리아의 노래로 설교를 시작했습니다.

"그분께서는 당신 팔로 권능을 펼치시어 생각이 교만한 자들을 좇으셨나이다. 통치자들을 끌어내리시고 비천한 이들을 들어 높이셨으며, 굶주린 이들을 좋은 것으로 배 불리시고 부유한 자들을 빈손으로 내치셨습니다."

마리아는 이것이 일어나야 할 일들이며, 우리 손을 통해 하나님의 일을 해야 한다고 말했습니다.

젊은 시위자들 중 몇몇이 조금 놀란 것 같아 보였습니다.

모든 사람들은 마리아를 조용하고 수동적인 존재로 생각하지만, 사실 그녀는 거침이 없었습니다.

나는 이민 가정에서 자랐습니다. 그 곳에서는 조용하고, 수동적으로 행동하는 것만이 원하는 것에 대처하는 방법이었습니다.

아버지가 공장에서 감독이 되고 나서부터 상황이 좋아지기 시작했습니다.

내가 13살이 되던 해, 아버지는 직장을 잃었습니다. 사장이 고용한 생산성전문가가 "가장 돈을 많이 받는 사람을 자르세요"라고 말했기 때문입니다.

저는 더 이상 믿을 수 없는 세상의 구성원이 되고 싶지 않았고, 성직자가 되기로 결심했습니다.

성직자 임명을 받자마자 선교를 위해 리마로 보내졌습니다.

이것은 1950년 쿠신 추기경이 라틴 아메리카에 여러 성직자와 수녀들을 보냈을 때의 이야깁니다. 교회는 공산당 세력이 강해지는 것을 걱정했습니다.

리마에 있던 몇 안 되는 우리 신학대학생원들은 세속적인 것을 잘 알지 못했으며, 꽤 보수적이었습니다.

하지만, 나는 라틴 아메리카에서 우리가 했던 일들을 비판했습니다. 사람들은 가난했지만 교회와 저택들은 너무 화려했습니다.

그래서 저는 기본적인 사회에 대한 생각을 하게 되었습니다. 그것은 지도자가 없는 신도들이 복음의 원리에 의해 사회조건을 판단하는 것입니다. 이러한 지역사회는 정말 라틴아메리카의 풀 뿌리에서 일어났습니다.

크리스마스인데 교회가 왜 저렇게 캄캄합니까?

라틴아메리카는 성직자가 부족합니다.

1957

주교 안젤로 로시는 그 곳에 있는 여성의 요구에 대한 응답으로 브라질에 있는 버라 데 피라스에서 성직자가 없는 기도모임을 시작했습니다.

113

이 기본적인 사회는 세계경제로 도입한 라틴 아메리카의 급격한 통합을 반영하기도 했습니다. 첫 사회 운동 중 하나는 북 아메리카와 라틴 아메리카의 충돌과 교차가 일어나는 파나마의 가난한 교외지역인 산 미켈리토에서 일어났습니다.

이러한 유동적인 환경에서, 기본부터 시작하여 교회에서 수송을 지원해주어 번성하기 시작했습니다.

바티칸 2(1962-1965, 두 번째 바티칸 의회)는 우리에게 이 세상에서 있는 그대로의 하나님의 계시를 기대하라며 격려했다.

자 이제 교회의 문을 열고 신선한 공기를 들이마실 때입니다

요한 23세

1968년 콜롬비아, 델린에서 열린 주교회의는 라틴 아메리카 현실을 새롭게 이해하려고 시도했습니다.

수 백만의 사람들이 다른 어디에서도 오지 않는 해방을 자신들의 신부들에게, 귀청이 터질 듯한 소리로 요청하고 있다.

"다른 어디에서도 오지 않는"이라는 말은 사회적 운동이 파괴되었음을 뜻한다. 1962년에서 64년 사이에 있었던 일곱 차례의 라틴 아메리카 군사 쿠데타는 모두 미국의 투자 자산을 보호　　　하는데 전념했고, 사회운동의 지도자들을 투옥하거나 살해함으로써 가난한 자들의 입을 막았다.

성직자들에게 잊혀지거나 이용당한 자신의 교구주민을 되찾아야 한다는 책임이 떨어졌습니다.

그 당시 라틴아메리카에 있었을 때의 이 큰 변화에 대한 이야기입니다. 저는 1964년 칠레 바리오에 있는 목사님의 집에 놀러 갔을 때 그들이 한 말을 기억합니다.

> 이 마을에서 옷 입을 때는 깃을 착용하지 마십시오.

> 여기에 있는 사람들은 우리를 부자로 여깁니다.

하지만 1976년, 이 친구들 중 몇몇은 피노체트 장군이 정부를 전복하고 모든 민간단체를 억압한 뒤로, 각 교구의 지역연대를 세워 칠레인들을 보호하기 위해 나섰습니다.

> 밤사이에, 사제들은 가난한 자들의 편에서 유일한 친구가 되었습니다.

그 시간 저는 볼리비아의 가장 큰 빈민가에 새로운 교구를 시작하려고 했습니다. 매일 아침, 매일 오후 라파스에서 그들은 나의 오두막 건너편 묘지에서 아이를 묻었습니다.

볼리비아 아이들의 50%는 5살이 되기도 전에 죽었습니다.

내가 배운 사역은 지독하게 가난한 사람들에게 도움이 되지 않았습니다. 저는 삽질부터 다시 시작해야겠다는 것을 깨달았습니다.

그들이 필요로 하는 것을 도와줄 수 있다면, 신뢰를 얻을 수 있다고 생각했습니다.

스스로를 쓸모 있게 만들기 위해 제가 할 수 있었던 일은 갇혀있으며 고문당하는 행동주의자들을 보호하는 것이었습니다.

당신이 카브론의 친구요? 나는 그가 "장군을 타도하자!"라고 말하는 것을 들었소만.

아마 취해서 그랬을 것입니다.

물론 나는 본심을 숨겨야 했습니다. 비록 내가 성직자일지라도 그것은 위험한 일이었습니다.

1980년 엘살바도르 대주교 오스카 로메로는 엘살바도르 내전에서 "농민 형제"를 쏴야 하는 모든 명령을 거부할 것을 정부군에게 요구했습니다.

그래서 그들은 성당에서 그가 미사를 드릴 때 그를 바로 죽였습니다.

같은 해 과테말라에서는, 자신의 마을을 공격한 것에 항의하려고 대사관을 점령했던 36명의 마야 농민이 불에 타 죽었습니다.

그들의 주교 후안 제라드디는 시민전쟁이 끝난 1988년, 2만 명의 민간인 사망자에 대한 책임이 군에게 있다는 보고서를 발표했습니다. 제라드디는 이틀 후 사망했습니다.

이 운동은 순교를 추구하지는 않았습니다. 하지만, 사회의 기본적인 정의 약속은 후기 로마인, 바리새인, 세리 또는 환전상과 같은 불의의 수혜자들에 대한 분노에 영감을 주었습니다.

1987년, 나는 보스턴으로 다시 돌아와야만 했습니다. 내가 라 파스에서 세운 교구는 볼리비아의 리더십을 얻었고 그것은 좋은 일이었습니다. 좋지 않은 소식은 어머니가 병에 걸렸으며 제가 어머니의 곁에 있어야 한다는 것이었습니다.

그녀는 백살까지 살았으며, 그것이 내 라틴아메리카 모험의 끝이었습니다.

저는 처음에 미국에서 어떻게 살아야 할지 몰라 막막했습니다. 가르치는 일을 해보려고 했지만, 젊은 신학생들은 "가난한 사람들을 위한 우선권"을 받아드리지 못했습니다.

대부분의 전통적인 가톨릭은 교외로 옮겼고, 그들의 아이들은 세계에 대해 다른 경험을 갖고 있었습니다.

나는 다시 교구의 신부가 되고 싶다는 결정을 했고 내가 자라온 곳과 같은 교구인 도체스터 에비뉴에서 임명을 받았습니다.

교구민들은 더 이상 아일랜드인이 아니었습니다. 일부 카보 베르데인과, 도미니카인이 예배를 드렸지만 그들은 학교를 사용하지 않았습니다. 옛 수녀원은 비어있었습니다.

우리는 학교를 청년 프로그램의 장으로 만들었습니다. 수녀원은 지역사회 모임의 장이 되었습니다.

이 것의 장점 중 하나는 날이 어두워진 뒤 세대간이 거리에서 소통하는 생활이 다소 생긴다는 점입니다.

어는 날 저는 한 번 만난 적 있는 지역사회 조직가로부터 전화 한 통을 받았습니다

조, 우리의 모든 필요를 위해 싸우는 지역공동체 조직을 합하는 일을 당신이 도와주셨으면 합니다.

조 신부님, 말씀 드리고 싶은 게 있습니다.

고맙습니다.

우리에게 다시 이웃을 갖게 해주셔서

저는 그때 바로 깨달았습니다.

그 것은 제가 바랬던 말이었거든요!

어머니께서 돌아가실 때까지 저는 생각했습니다.

당신은 어떻게 나의 어머니와 아버지같이 정의를 위해 싸우신 분들을 데리고 가십니까?

이것이 그것 입니다!

주요조직의 일부가 시민권 운동, 전쟁반대 운동, 농장 노동자운동에 참여해왔다는 것은 저에게 중요했습니다. 저는 한 사내가 했던 말을 기억합니다.

나는 미시시피*의 눈으로 바라봅니다.

전능한 은행

*5인의 사진사 단체로 시민권리와 관련한 사진을 찍는 사람들의 프로젝트를 진행

종교 사회 그룹들은 우리가 이웃을 포기하지 않는다면, 우리의 도시를 포기하지 않는다는 의미를 갖고 있습니다.

그리고 우리는 사람들에게 그들에게 필요한 것을 말하지 않습니다. 모든 캠페인은 신자들 스스로 물어보는 것으로 시작합니다. "우리를 방해하는 것은 무엇입니까? 그것에 대해 우리는 무엇을 할 수 있습니까?"

여기 우리가 이뤄낸 것들이 있습니다.

사람들이 그들의 집을 지키는 일을 도와준다.

은행장씨! 모기지 소유자가 강제퇴거 당하는 중에도 왜 은행들은 구제 금융을 받나요?

브랙톤 사람들에 의해 은행과 정치인에게 압력을 가했고, 차압을 통해 3천 가구를 지켰습니다.

우리의 아이들을 위해 질 좋은 학교 물품을 공급 받는다.

나이지리아 화학 연구소는 여기 보스턴에 있는 것보다 더 좋습니다!

하지만, 시간이 빡빡합니다. 우리에게 원하는 게 무엇입니까?

시의회

우리 아이들에게 아무것도 해주기 싫으면, 그들에게 왜 학교에 남아있어야 하는지 가르치지 마십시오!

당신들은 거부권을 가지고 있잖아요. 그것이 공급되기 전까지 예산을 승인하지 마세요.

아.. 예.

모든 사람을 위한 의료서비스를 확보한다.

당신이 들 수 있는 보험은 없네요.

우리는 당신의 심장상태가 좋지 않다는 정보가 있거든요.

더 큰 보스턴 종교조직, 혹은 GBIO는 오늘날 소위 "롬니케어"라고 불리는 저렴한 의료서비스 연합의 핵심 멤버였다.

여러분 중 대부분이 GBIO의 설립자 체리 안데스를 아실 겁니다. 체리에게 이렇게 물어본 적이 있습니다. "이 일을 할 수 있게 하는 원동력이 무엇입니까?"

그녀는 그녀의 조부모가 보호시설에 있어야 하는 미친 이웃에게 총을 맞았다고 말해줬습니다. 그의 형제는 권력이 센 정치인이었습니다.

조부모는 간신히 살아 남았습니다. 그들의 괴로움은 아이인 체리에게 영향을 끼쳤습니다.

나는 약한 것으로 강한 것을 보호해야겠다고 결심했습니다.

"제자들은 나가서, 여러 마을을 두루 다니면서, 곳곳에서 복음을 전하며, 병을 고쳤다.." 누가복음 9:6

119

방해하다.
평화를 만드는 팀, 양심적 병역 거부자들

이야기
벤

누가복음 9장 41-44절은 예수님이 예루살렘에 들어가기 직전에 하신 말씀입니다.

"그가 다가왔을 때, 그 도시를 보시며 슬퍼하셨다. '당신이 오늘날 평화를 만들기 위해 해온 일들! 하지만 지금 그것들은 지금 당신에 눈에 보이지 않습니다. 정말로 당신에게 그런 날이 올 것입니다. 당신의 원수가 당신 주위에 성벽을 세우고, 사방에서 당신을 둘러쌀 것입니다. 그들은 당신과 당신의 아이들을 땅에 내칠 것입니다."

그래서 예수님께서는 예루살렘의 포위 공격과 70 AD 성전의 파괴를 예견하시고, 평화의 길을 수용하기 위해서는 그렇게 해야한다고 말하셨습니다.

평화를 얻으려면 많은 위험이 따르는 것 같습니다

자라면서, 저는 그 위험이 조금 큰 것이 아닌가라고 생각했습니다.

어머니와 아버지는 메노나이트와 다른 평화교회가 만든 CPT(기독교 평화 단체)에 속해있었습니다. 이 단체의 목표는 정치폭력을 "방해하자"는 것이었습니다.

한 사람이나 그들 중 다른 사람들은 항상 이라크, 콜롬비아, 할티, 혹은 다른 곳으로 떠났습니다.

120

어머니는 2003년 3월 20일, 바그다드가 공습 당하기 시작할 때 그곳에 계셨습니다. 당시 저는 인디아나에 있었고, 너무 무서워 죽는 줄 알았습니다.

그곳이 폭격 당하기 바로 전, 바그다드 택시 운전사가 어머니에게 이렇게 물었습니다.

"부시는 크리스천이면서 어떻게 저런 행동을 할 수가 있습니까?"

예수님께서는 우리에게 아무도 죽이지 말고, 모든 것을 사랑하라고 하셨습니다. 지금 부시는 크리스천답게 행동하지 못하고 있습니다.

우리에게 행복하게도, 어머니는 며칠 뒤에 이라크에서 추방되어 집에 돌아올 수밖에 없었습니다.

나는 집에 안전하게 와서 정말 좋지만, 저 나라가 걱정된다.

임무 성공 MISSION ACCOMPLISHED

공식 발표입니다. 우리는 이제 모두 행복합니다.

내가 내 몫을 다하지 못한 것 같구나.

CPT는 크리스천이라면 평화를 위해서 희생할 수 있어야 한다는 신념을 가지고 있습니다.

칼을 통해서 평화가 이뤄진다고 생각하는 사람들은 죽음 앞에 망설이지 않습니다.

1984년 CPT 구성을 이끌었던 로날드 사이더의 연설

CPT의 또 다른 본질적인 신념은 사람들과 함께하는 길에서 그들과 동반할 수 없다면 사람들에게 폭력에 저항하라고 말할 수 없다는 겁니다.

왜, 평화주의자들은 우리의 방법, 즉 예수님의 방법이 덜 값지다고 생각할까요?

메노나이트 세계 협의회

이전 세기의 우리들은 신념을 위해 죽었으나, 지금 우리는 너무 편하고 안이하게 성장했습니다.

우리가 평화를 위한 대가를 지불할 준비가 되지 않았다면, 우리는 꼬리표에 불평할, 설교할 권리도 없습니다.

CPT팀이 이뤄낸 일들

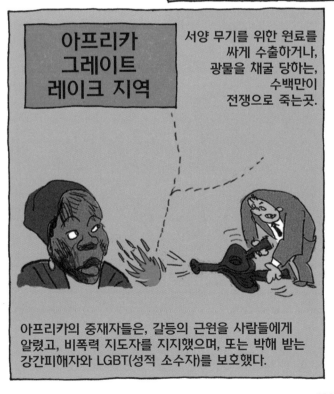

아프리카 그레이트 레이크 지역

서양 무기를 위한 원료를 싸게 수출하거나, 광물을 채굴 당하는, 수백만이 전쟁으로 죽는곳.

아프리카의 중재자들은, 갈등의 근원을 사람들에게 알렸고, 비폭력 지도자를 지지했으며, 또는 박해 받는 강간피해자와 LGBT(성적 소수자)를 보호했다.

미국과 멕시코의 국경

CPT는 이민자들이 생사의 갈림길에 처한 곳에서. 이민자의 필요를 돌봤습니다.

CPT팀이 이뤄낸 다른 일들

쿠르드 자치구

과거에 바그다드 팀은 국경 간 공격을 직면한 쿠르드족을 방어했으며, 여성들은 명예살인에 반대하여 고군분투를 했습니다.

콜롬비아

CPT는 땅을 탐내는 기업들과 연결된 군사세력의 협박에도 불구하고 실향민이 된 마을 사람들이 그들 고향으로 돌아가게 하는 것을 도와주었던 곳입니다.

북 아메리카에 있는 원주민의 땅

CPT 가 벌목, 광업, 어업 이익의 약탈에서 전통 생활을 지키는 알곤퀸, 아니시카나베, 나코타, 기타 최초의 국가들에게 초대받았던 곳입니다.

웨스트 뱅크

중재자들이 이스라엘 정착민과 군인들의 공격을 받으며 목동들과 학교 어린이들과 동행했던 곳입니다

아버지는 웨스트 뱅크에 있는 헤브론과 튜와니에 정말 가주 가셨습니다.

이것이 아버지가 저에게 들려준 이야기입니다.

1980년대 이후 이스라엘 정책은 이스라엘 남부와 헤브라이가 점령하고 있는 웨스트 뱅크 종주지부터 팔레스타인을 압박했습니다. 전투적인 정착민들은 이 불법 정책의 집행자 역할을 했습니다.

우리는 정착민들과 대화해보려고 노력했지만, 어려웠습니다. 우리와 함께 일한 이스라엘 소녀가 눈물을 머금고 다가와 말했습니다. "저들은 아랍인을 동물 취급해요!"

이 땅은 우리 땅이오!

카메라 내놓으시오!

만약 당신이 옳다면 전세계에서 알려지는 것을 왜 두려워하십니까?

안 그래요?

이스라엘 군인은 조금 달랐습니다.

명령대로 할 뿐입니다.

저기요!

어디로 가는 거야?

왜 이 골짜기에서 이들의 양이 풀을 먹지 못합니까? 이 증서에 나와있는 것처럼 이것은 이들의 땅입니다.

어제 전투가 있었습니다. 우리는 평화를 유지해야 합니다.

저는 다시 한번 CPT의 존재가 군인들의 총을 얼마나 무력하게 하는지 알 수 있었습니다.

같이 앉아 먹지 못해 정말 유감이군요!

하지만. 1948년부터 계속 이래왔습니다! 정착민들이 사고를 내고 팔레스타인인들이 벌을 받습니다!

시간이 흐르고, 목동들과 CPT가 앉아서 밥을 먹을 때, 따라오던 병사들도 점심을 먹기 시작했습니다.

아니요, 그것이 우리가 공급하는 쓰레기라는 것을 안다면, 먹고 싶지 않을걸요.

혼란스러운 일이었지만 저는 우리가 변화를 만들었다고 믿습니다.

아버지는 항상 자신의 팀과 팔레스타인 주민 사이의
따뜻한 관계를 설명했지만
저는 온정주의의 문제에 대해 걱정하곤 했습니다.

콜롬비아에 있는 CPT와 함께 메노나이트 일을 했던
샬렛타 어브는 호주 원주민 운동가가 내놓은 선언에
도전 받았습니다.

 "이곳에 나를 도와주려 온 것이라면
당신은 시간낭비를 하는 것입니다.
하지만 당신의 해방이 나의 해방과
관련이 있다면, 함께 일합시다."

그녀는 그녀가 느끼는 편안한 것과 콜롬비아 사람들이
직면하고 있는 위협간의 공통점을 찾기 위해 노력했고,
그녀는 우리 모두가 자원추출의 불공정한
시스템에 의해 피폐해진다는 점을 찾아냈습니다.

우리는
인권침해를 저지른
콜롬비아 군에 자금을
지원한 것을 자백합니다.

우리는
그리스도의
몸으로서 서로
연결되어
있습니다.

토지를 억압받은
콜롬비아 마을 주민들과 함께
우리는 우리가 물건을 구입하는
기업으로부터 추방당했습니다.

콜롬비아인들에게
피해를 주는 무역법
때문에 우리가 이득을
보고 있다는 것을
자백합니다.

너무 많은 자원을
소비하는 우리의
생활양식은 사람보다 돈을
중요시 합니다. 이것은
영원한 것이 아닙니다.
이 또한 우리 모두를
위협합니다.

전쟁이 추상적이고 멀어 보일 쯤,
샤를레타처럼 저는 예수의 평화교육을 위한
인적 책임 방법을 찾아보았습니다

CIA 무인
정찰기로
수천명 살상

사야 할
물건들

행사표
재미!
가십거리!

그 순간, 전쟁이 끝날 기미가 보이지 않았던
세계 1차 대전 중 메노나이트가 보여준 용기가
제 머리를 스쳤습니다.

1917년 캔자스, 맥퍼슨에서 온 마스크를 쓴
자경단은 메노나이트 농부에게 타르 칠을
했으며 그의 몸을 깃털로 덮었습니다.
그가 전쟁 채권 구입하는 것을 거부하고,
그의 아들이 징병을 거부했기 때문이었습니다.

그 무리는 메노나이트 목사와 그의 아들에게
그들이 걸었던 국기를 내렸다는 이유로
타르를 붓고 깃털을 덮었습니다.

지역 신문에서는 이 집단을 "배신자들을 처단하기 위해
강제로 격렬한 방법을 사용함"이라는 말을 사용하여
자경단을 질서 있는 시민으로 묘사했습니다.

켄자스에 있는
허핑스필드 교회의
존 츠러그는 전쟁채권을
사는 것과, 국기에
대한 경례하는 것을
거부했다는 이유로
전쟁이 끝나던 날 마을로
끌려가 맞았습니다.

후에 그 집단에 있던
사람 중 회개한 사람이
이렇게 말했습니다.

그의 얼굴에는
빛과 같은 것이 있었으며 그는
그리스도처럼 보였습니다.
사람들이 그의 얼굴을 때렸을 때,
그는 그의 얼굴을 다른 사람에게
또 돌렸습니다.

126

127

이 책에 기여한 사람

폴 부일, 그는 십대에 지역 CYF(크리스천 청년 단체)의 임원이었으며, 그 후로 사회운동에 적극적으로 참여하였고, *"Nation", "Guardian, Journal of American History", "San Francisco Chronicle", "Chronicle of Higher Education", "Village Voice"*를 포함하여 출판에 기여하고 있다. 브라운대학교에서 조교수로서 은퇴하여, 윌리엄 애플맨 윌리엄즈, C. L. R. 제임스의 전기를 포함하여 40권이 넘는 책들을 저술하고 편집했다. 그의 생생한 작품들은 스터즈 테르켈과 하워드 진의 작품을 만화예술로 각색했다. 그는 위스콘신주 매디슨에 산다

사브리나 존스는 사회 정의에 기반하여 만화문집 *"World War 3 Illustrated"*를 그리기 시작했다. 그녀는 폴 부일과 *"Wobblies!" , "Isadora Duncan", "A Graphic Biography", "Studs Terkel's Working", "FDR and the New Deal for Beginners", "Yiddishkeit", "Bohemians"*와 같은 혁명을 다루는 역사책을 만들었다. 그녀는 The Real Cost of Prisons Project와 *"Race to Incarcerate : A Graphic Retelling"*에 정의 문제를 노출시켰다. 사브리나는 성경공부팀과 노숙자 보호소에서의 봉사활동을 하는 퀘이커 종교사회 모임의 뉴욕 15번가 모임의 멤버였다.

개리 덤은 고인인 하비 페커와 자주 함께 일했으며 Students for a Democratic Society(민주 사회를 위한 학생운동연합): a Graphic history의 총장예술가였고, *"The Beats", "studs Terkel's working", "a Graphic Adaptation", "Yiddishkeit"*를 포함한 여러 만화예술 문집에 공헌한 사람이다. 그는 인종간의 관계, 담수, 1916년경 오하이주 클리브랜드 노동자들의 권리에 관한 스캇 맥그리거의 서사역사극 "A Simple, Ordinary Man"을 완성하기위해 부지런히 일하고 있다. 그의 작품은 또한 클리브랜드 신문들, the New York Times, Entertainment Weekly, 프랑스 Le Monde에 출판되고 있다. 화가이자 책 디자이너이며 색채가인 그녀의 아내 로라 덤은 American Splendor 선전용 예술을 포함한 그의 많은 만화 프로젝트에 생기를 더했다. 그들은 오하이오주 클리브랜드에 산다.

닉 토킬슨은 베테랑 사회 활동가이며, 많은 문집에 공헌을 한 만화 예술가이다. *The Underhanded History of the USA*(짐 오브라이언과의 합작)는 비주류 역사를 담은 것이다. 그의 다른 작품에는 *"Economic Meltdown Funnies", "Fortune Cookies", "The Comic Strip of Neoliberalism"*이 있다. 그는 최근에 마크 워홀 작곡가와 만화 영화 제작자인 에이미 맥도널드 함께 20분짜리 애니메이션 *Ou'est Fleuri Rose?*를 완성했다. 그는 메사추세츠주 보스턴에 산다.